AF238475

Niko 2

Arbeitsheft in Grundschrift

Erarbeitet von
Carmen Elisabeth Daub (Saarland)
Anne Rommel (Baden-Württemberg)
Sandra Schmid-Ostermayer (Baden-Württemberg)
Britta Seepe-Smit (Nordrhein-Westfalen)
Martina Weißenburg (Berlin)

Ernst Klett Verlag
Stuttgart · Leipzig

Inhalt

2

Erklärung für die Farbunterlegungen des Inhaltsverzeichnisses

Inhalte aus den Kompetenz-bereichen „Richtig schreiben" sowie „Sprache und Sprachgebrauch untersuchen"

Inhalte aus dem Kompetenz-bereich „Texte verfassen"

3

Miteinander lernen

Nomen

Alle Menschen, Tiere, Pflanzen und Dinge haben einen Namen.
Diese Wörter heißen **Nomen** (Namenwörter).
Nomen schreibe ich immer groß: **E**mma, **P**ferd, **B**lume, **B**all.

1 Trage die Nomen richtig in die Tabelle ein.

Buch   Löwe   Tafel   Freund   Gras   Kuh

Stift   ~~Baum~~   Zebra   Oma   Salat   Kind

Menschen	Tiere	Pflanzen	Dinge
		Baum	

2 Suche und markiere die zwölf Nomen.

E	S	E	L	P	K	Z	B	L	U	M	E	T	A	H	A	S	E
T	A	S	C	H	E	L	J	M	B	I	L	D	N	B	O	P	A
R	O	S	E	S	D	V	K	O	Z	A	H	U	T	D	Z	T	Z
W	T	U	L	P	E	T	S	T	A	N	T	E	Y	M	V	B	A
J	U	N	G	E	Y	V	Z	K	E	F	L	D	I	N	O	D	N

3 Trage die Nomen in die Tabelle von Aufgabe 1 ein.

Artikel

Nomen haben Artikel (Begleiter).
Die **bestimmten Artikel** sind **der**, **die**, **das**.
Die **unbestimmten Artikel** sind **ein**, **eine**:
der Tisch – ein Tisch, die Maus – eine Maus, das Buch – ein Buch.

1 Schreibe die Nomen mit dem unbestimmten Artikel auf.

die Banane – _eine Banane_ _____

das Regal – _____

der Computer – _____

das Heft – _____

die Tafel – _____

der Tisch – _____

2 Schreibe den bestimmten Artikel vor die Nomen.

_____ Blume _____ Kind _____ Diktat

_____ Klasse _____ Stift _____ Klassendienst

_____ Hund _____ Brotdose _____ Spiel

3 Setze den bestimmten oder den unbestimmten Artikel ein.

Niko schreibt _____ Wort an _____ Tafel.

_____ Lehrerin wischt _____ Wort wieder weg.

Niko hat _____ Nomen kleingeschrieben.

Nun schreibt er _____ Nomen richtig an _____ Tafel.

→ SB S. 10/11 5

Nomen und Artikel

1 Markiere alle Nomen.

> *Nomen schreibe ich groß. Vor Nomen kann ich einen Artikel setzen.*

spielen | Hase | Heft | Schere | Tür

Licht | Stift | rechnen | Lampe | Blatt | Schwamm

Computer | lesen | Auge | malen | Kreide

2 Trage die Nomen aus Aufgabe 1 richtig ein.

der	die	das

3 Schreibe in jede Spalte von Aufgabe 2 ein eigenes Nomen.

4 Trenne die Wörter in der Wörterschlange mit einem Strich.

FenstersingenSchereVaseLehrerBlumehüpfenkletternStuhlBuch

5 Schreibe alle Nomen aus Aufgabe 4 mit dem unbestimmten Artikel auf.

6   → SB S. 10/11

Aussagesätze

Aussagesätze erzählen, was geschieht.
Am Ende eines Aussagesatzes steht ein **Punkt**.
Am Satzanfang schreibe ich immer groß:
Die Schüler freuen sich auf die Pause**.**

1 Verbessere die Satzanfänge. Setze die Punkte am Satzende.

H ̶h̶eute hat Emma Klassendienst **.**

sie muss die Tafel wischen

die Blumen darf Noriko gießen

timo soll den Papierkorb ausleeren

morgen machen andere Kinder die Dienste

2 Setze die Punkte am Satzende.

Ali und Marek streiten sich Ali teilt die Hefte aus
Marek macht Tafeldienst Er will aber lieber die Hefte
austeilen Ali will seinen Dienst nicht mit Marek tauschen
Frau Simon beendet den Streit Am nächsten Tag
werden die Dienste getauscht

3 Schreibe die Aussagesätze mit Niko auf.

→ SB S. 12   → AH F+I S. 8/9

7

Strategie: Groß oder klein?

Nomen schreibe ich groß. Vor Nomen kann ich einen Artikel setzen.
Auch Satzanfänge schreibe ich groß.

1 Entscheide, welche Wörter großgeschrieben werden.
Setze den kleinen oder großen Buchstaben richtig ein.

T oder **t**?	__eller	__raurig	__uch	__asse
P oder **p**?	__uppe	__aket	__apagei	__einlich
D oder **d**?	__ick	__ing	__umm	__orf
B oder **b**?	__är	__öse	__rot	__itter

2 Verbessere die Satzanfänge und setze die Punkte.

D
~~d~~ie Kinder der Klasse 2a haben

große Pause zwei Mädchen hüpfen

über ein Seil Lotte wirft Merit

einen Ball zu einige Jungen

spielen mit Niko Fußball

3 Schreibe die Sätze von Aufgabe 2 richtig auf.

Alphabet

1 Verbinde
die Buchstaben
nach dem Alphabet.

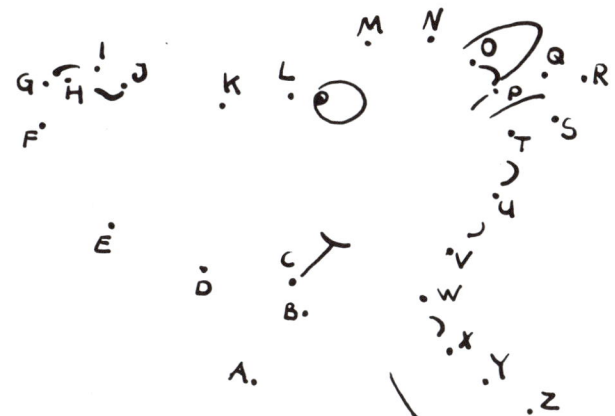

2 Setze die fehlenden Buchstaben ein.

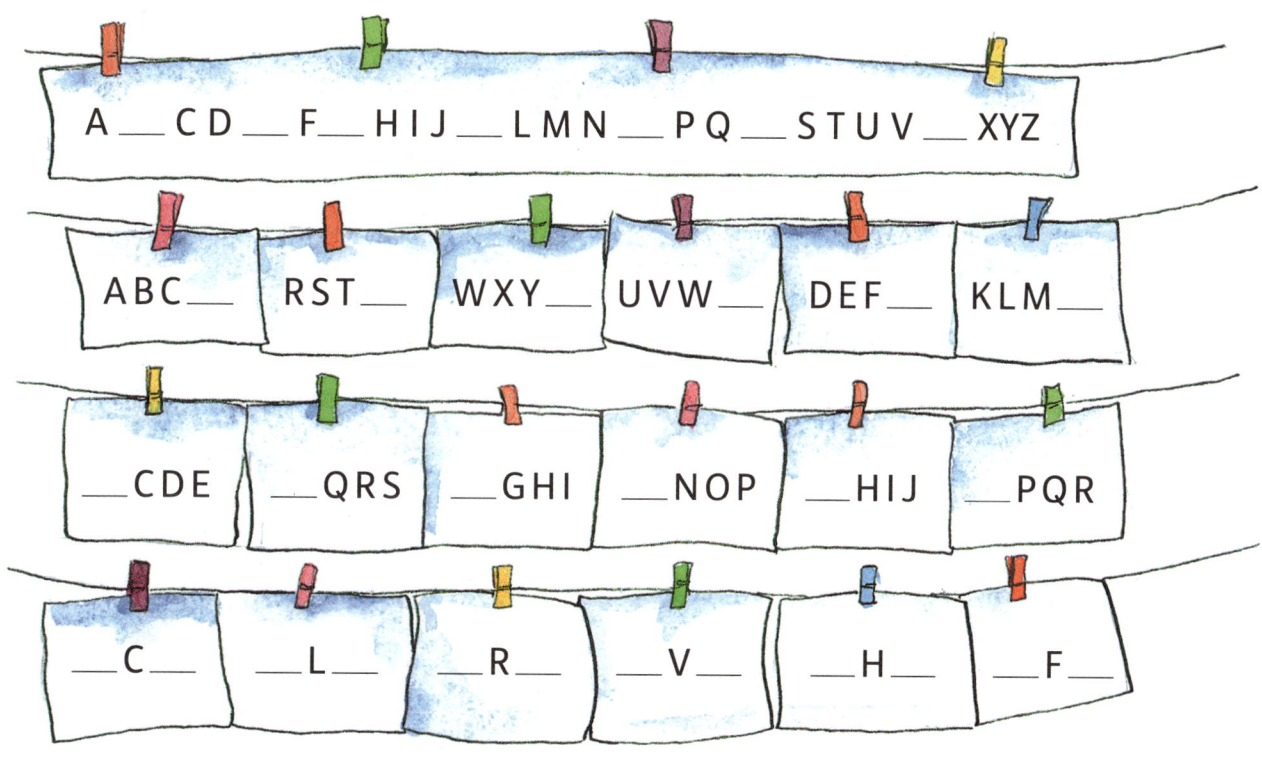

A __ C D __ F __ H I J __ L M N __ P Q __ S T U V __ X Y Z

A B C __   R S T __   W X Y __   U V W __   D E F __   K L M __

__ C D E   __ Q R S   __ G H I   __ N O P   __ H I J   __ P Q R

__ C __   __ L __   __ R __   __ V __   __ H __   __ F __

3 Schreibe Nikos Buchstaben
nach dem Alphabet geordnet auf.

→ SB S. 15 9

Wörter nach dem Alphabet ordnen

Wörter werden nach ihren Anfangsbuchstaben geordnet. Sind diese gleich, werden sie nach dem zweiten Buchstaben geordnet.

1 Nummeriere die Wörter nach dem Alphabet.

	Füller		Bleistift		Schere

	Lesebuch		Malblock

	Heft		Radierer	1	Apfel

2 Schreibe die Wörter aus Aufgabe 1 nach dem Alphabet geordnet auf.

3 Nummeriere die Namen der Kinder nach dem Alphabet.

	Anne		Timo		Mila		Merit		Nele

	Noriko		Niko		Emma		Lotte		Ali

4 Schreibe die Namen der Kinder nach dem Alphabet geordnet auf die Geburtstagskarte.

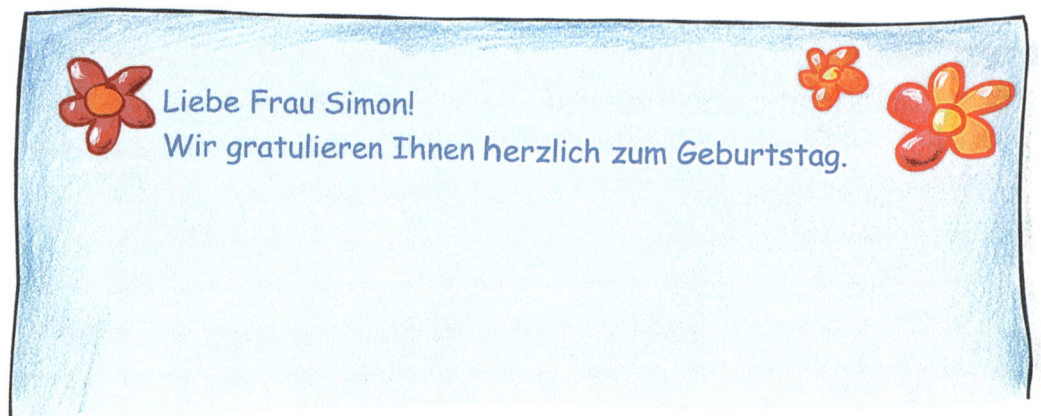

Liebe Frau Simon!
Wir gratulieren Ihnen herzlich zum Geburtstag.

10   → SB S. 16

Das kann ich jetzt

1 Schreibe zwei Nomen in jede Spalte.

Menschen	Tiere	Pflanzen	Dinge

2 Markiere alle Nomen in diesem Satz.

ali und niko spielen mit dem ball.

3 Schreibe den Satz aus Aufgabe 2 richtig auf.

4 Schreibe einen eigenen Satz auf.

5 Schreibe das Alphabet auf.

6 Schreibe die Wörter nach dem Alphabet geordnet auf.

Computer   Regal   Brille   Niko   Buch   Schule

Gesund und munter

Verben

Wörter, die sagen, was Menschen, Tiere, Pflanzen oder Dinge tun, heißen **Verben** (Tunwörter). Verben schreibe ich klein: singen, gehen, spielen.

1 Was tun die Kinder auf dem Pausenhof? Setze die passenden Verben ein.

| malen | springen | spielen | schaukeln | klettern |

Ali und Timo _____ mit dem Ball.

Emma und Merit _____ mit Kreide.

Niko und Noriko _____ Seil.

Rasmus und Ole _____ auf den Turm.

Anne und Nina _____ zusammen.

2 Was machst du in der Pause? Schreibe Sätze.

_____

_____

3 Finde die acht Verben. Markiere sie. Schreibe sie daneben.

r	s	p	r	i	n	g	e	n	f
e	t	l	e	r	n	e	n	q	a
n	k	m	s	p	i	e	l	e	n
n	x	t	u	r	n	e	n	x	g
e	r	w	l	a	c	h	e	n	e
n	p	k	l	e	t	t	e	r	n

_____

_____

_____

_____

_____

_____

Grundform und Personalform

Verben haben eine **Grundform**: schwimmen, tanzen, spielen.
Verben können sich verändern (**Personalform**):
ich schwimm**e**, **du** schwimm**st**, **er/sie/es** schwimm**t**,
wir schwimm**en**, **ihr** schwimm**t**, **sie** schwimm**en**.

1 Lies die Sätze. Streiche das falsche Verb durch.

Alle Kinder ~~freut~~/freuen sich auf die Pause.
Ali *spielt/spielen* am liebsten Fußball.
Emma *fängt/fangen* ihre Freundinnen.
Niko *weint/weinen* heute.
Niemand *spielt/spielen* mit ihm.

2 Setze **spielen** in der richtigen Personalform ein.

Ich _____ gerne Tischtennis.

Du _____ mit deinem Hund.

Lisa _____ oft mit ihren Puppen.

Wir _____ zusammen Karten.

Ihr _____ in der Pause mit dem Ball.

Sie _____ zusammen Verstecken.

3 Trage die fehlenden Personalformen ein.

	rollen	malen	fangen
ich	rolle		
du			fängst
er/sie/es		malt	
wir			

Wortstamm und Endung

Verben verändern sich (Personalform).
Was gleich bleibt, nennt man Wortstamm.
Was sich ändert, nennt man **Endung**: hüpf**en** – ich hüpf**e**.

1 Verbinde die Wörter mit dem gleichen Wortstamm.

ich hüpfe · · ihr rennt · · sie rollen

du rennst · · ich rolle · · sie hüpft

er rollt · · wir hüpfen · · er rennt

2 Kreise den Wortstamm ein und unterstreiche die Endung.

3 Wie bewegen sich die Tiere? Ergänze die richtigen Verben.

~~hüpfen~~ schleichen fliegen kriechen stampfen

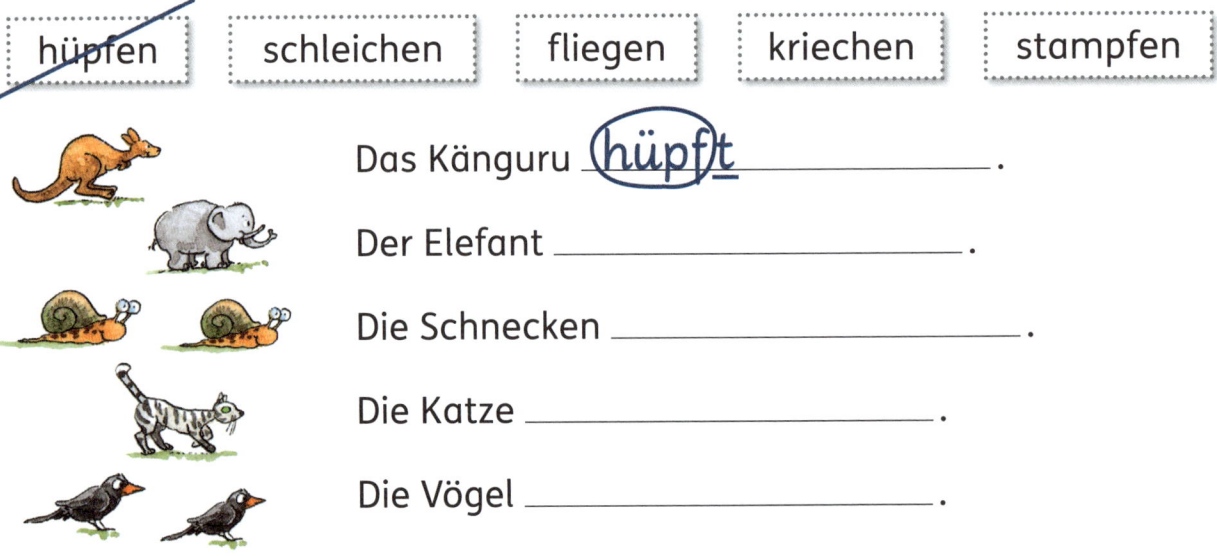

Das Känguru hüpft _____ .

Der Elefant _____ .

Die Schnecken _____ .

Die Katze _____ .

Die Vögel _____ .

4 Kreise den Wortstamm ein und unterstreiche die Endung.

5 Schreibe **sagen** in allen Personalformen auf.
Kreise den Wortstamm ein und unterstreiche die Endung.

Strategie: Verben verlängern

Wenn ich nicht weiß, ob ein Verb mit **b** oder **p**, mit **g** oder **k** geschrieben wird, verlängere ich es: er schie**b**t – schie**b**en.

1 Setze die Verben richtig ein.

Anne _____ (*üben*) jeden Tag auf dem Hof Fahrradfahren.

Aber heute _____ (*parken*) dort ein großes Auto.

Sie _____ (*sagen*): „Wie gemein! Ich habe keinen Platz mehr."

Deshalb _____ (*schreiben*) Anne einen Brief.

Sie _____ (*kleben*) ihn an die Autoscheibe.

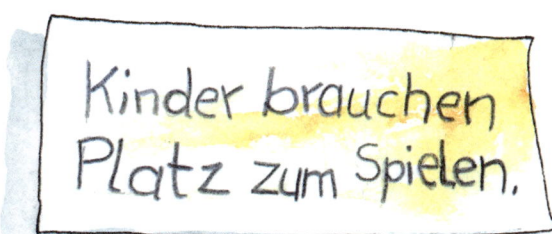

Kinder brauchen Platz zum Spielen.

2 Markiere **b/p** und **g/k**.

3 Setze **b/p** oder **g/k** richtig ein. Schreibe die Personalform daneben.

schrei **b** en – er *schreibt* _____   fra__en – er _____

flie__en – sie _____   mer__en – er _____

hu__en – er _____   rei__en – sie _____

4 Markiere **b/p** und **g/k**.

5 Setze **b/p** oder **g/k** richtig ein.

er fe__t   sie stei__t

es fie__t   sie to__t

er schie__t   sie har__t

Verlängern hilft!

Silben ⌣

Wörter bestehen aus Silben. In jeder Silbe steht mindestens ein Selbstlaut (a, e, i, o, u), Umlaut (ä, ö, ü) oder Zwielaut (au, ei, eu).

1 Welche Silben ergeben ein Wort? Markiere sie in derselben Farbe.

Pa	na	Me	
Möh	Kür	lo	te
Sa	To	se	ne
Kä	ka	re	bis
Ba	pri	lat	ne
		ma	

2 Ordne die Wörter nach der Silbenanzahl und trage sie ein.

2 Silben: _____

3 Silben: Paprika, _____

3 Schwinge die Silben. Markiere die Selbstlaute und Umlaute.

4 Setze die Wörter richtig ein. Finde das Lösungswort.

| neu | sauber | heute | faul | reich | weich |

Nicht gestern ist ___ ___ ___ ___ ___.
               4

Nicht alt ist ___ ___ ___.
      6

Nicht arm ist ___ ___ ___ ___ ___.
    2

Nicht schmutzig ist ___ ___ ___ ___ ___ ___.
             5

Nicht fleißig ist ___ ___ ___ ___.
    1

Nicht hart ist ___ ___ ___ ___ ___.
    3

Lösungswort: ___ ___ ___ ___ ___ ___
           1 2 3 4 5 6

Ein Kräuterbrotrezept schreiben

So schreibe ich ein **Rezept**:
– Ich schreibe die Zutatenliste vollständig auf.
– Ich halte die Reihenfolge genau ein.
– Ich verwende unterschiedliche Satzanfänge.

1 Markiere die Satzanfänge.
Verbinde die Bilder mit dem richtigen Text.

Ich brauche: eine Schüssel, einen Löffel, ein Messer, ein Brettchen, eine Packung Quark, einen Becher Jogurt, ein Bund Schnittlauch, Salz und Pfeffer, Brotscheiben.

Jetzt bestreiche ich die Brotscheiben damit.

Zuerst mische ich den Quark und den Jogurt in der Schüssel. Dann gebe ich etwas Salz und Pfeffer dazu.

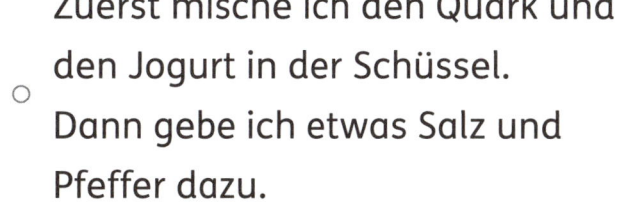

Zuletzt streue ich den Schnittlauch über das Brot.

Danach schneide ich den Schnittlauch klein.

  2 Schreibe das Rezept in der richtigen Reihenfolge auf.

→ SB S. 31 17

Eine Geschichte zu einem Bild schreiben

So schreibe ich eine **Geschichte zu einem Bild**:
– Ich schreibe die Stichwörter in der richtigen Reihenfolge auf.
– Ich schreibe mit den Stichwörtern eine Geschichte.
– Ich gebe allen Personen einen Namen.
– Ich überlege mir eine passende Überschrift.

1 Welche Stichwörter passen nicht zum Bild?
Streiche sie durch.

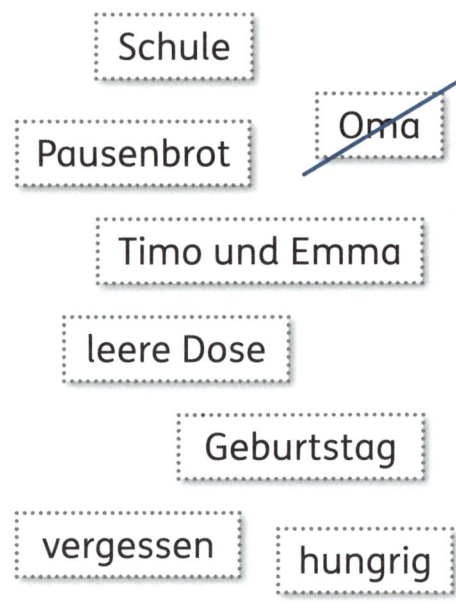

Schule

Pausenbrot ~~Oma~~

Timo und Emma

leere Dose

Geburtstag

vergessen hungrig

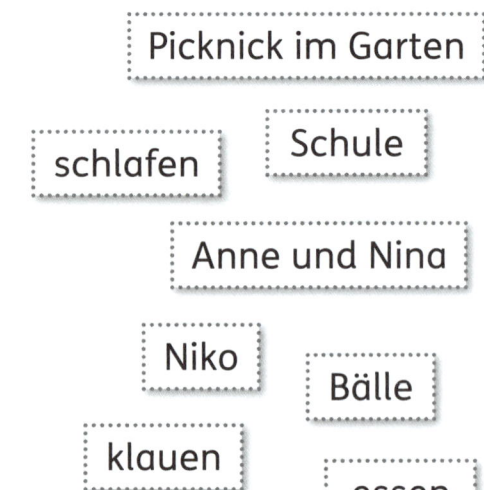

Picknick im Garten

schlafen Schule

Anne und Nina

Niko Bälle

klauen essen

 2 Schreibe deine Geschichte zu einem Bild auf.
Denke an die Überschrift.

Das kann ich jetzt

1 Schreibe vier Verben auf.

2 Trage die fehlenden Personalformen ein.

	malen	schreiben
ich		
du		
er/sie/es		
wir		
ihr		
sie		

3 Umkreise den Wortstamm und unterstreiche die Endung.

4 Setze **b/p** oder **g/k** richtig ein.

er sa__t   sie hu__t   sie schrei__t   es spu__t   er flie__t

5 Schreibe alle Selbstlaute auf.

6 Setze **ei/eu/au** richtig ein.

H____te ist M____ke r____ten. Sie fr____t sich schon seit Tagen

dar____f. Ihr Pony hat ein sehr w____ches Fell. Als ein ____to schnell

vorb____fährt, erschrickt das Pony. M____ke fällt herunter.

Doch sie st____gt wieder ____f und r____tet w____ter.

Du und ich und wir

Einzahl und Mehrzahl

Nomen können in der **Einzahl** (Singular) oder in der **Mehrzahl** (Plural) stehen. Viele Nomen verändern sich in der Mehrzahl: ein Stift – viele Stift**e**, der Stift – die Stift**e**.

1 Trage die Nomen in der Mehrzahl in die Tabelle ein.

	Einzahl	Mehrzahl
	ein Heft	viele Hefte
	ein Bild	
	eine Tür	
	eine Blume	
	ein Regal	
	ein Auto	

2 Markiere die Veränderungen in der Mehrzahl.

3 Trage die Nomen in der Einzahl in die Tabelle ein.

	Einzahl	Mehrzahl
	ein	viele Hunde
		viele Katzen
		viele Elefanten
		viele Bären
		viele Tiger

Umlaute in der Mehrzahl

Aus **a**, **o** und **u** werden in der Mehrzahl oft **ä**, **ö** und **ü**.
Diese Buchstaben heißen **Umlaute**: das Buch – die Bücher.

1 Trage Einzahl oder Mehrzahl in die Tabelle ein.

	Einzahl	Mehrzahl
		die Äpfel
	der Zopf	
		die Bänke
	die Kuh	

2 Markiere die Umlaute in der Tabelle.

3 Trenne die Wörter durch Striche voneinander. Schreibe sie in Einzahl und Mehrzahl auf. Schreibe so: *der Ball – die Bälle, …*

4 Markiere die Umlaute in den Wörtern.

5 Schreibe eigene Nomen mit Umlaut in der Mehrzahl auf.

→ SB S. 39 21

Strategie: Nomen verlängern

Wenn ich nicht weiß, ob am Wortende **b** oder **p**, **d** oder **t**, **g** oder **k** geschrieben wird, verlängere ich das Wort.
Bei Nomen bilde ich die Mehrzahl: der Kor**b** – die Kör**b**e.

1 Setze die richtigen Buchstaben ein.

die Winde – der Win___   die Burgen – die Bur___

die Säfte – der Saf___   die Siebe – das Sie___

die Wege – der We___   die Stäbe – der Sta___

2 Ergänze **d** oder **t**. Schreibe dann das Wort in Einzahl und Mehrzahl darunter. Markiere **d/t**.

Lan___   As___   Gesich___   Mun___   Wan___   Lie___   Lich___

das Land – die Länder,

3 Ergänze **b** oder **p**. Schreibe dann das Wort in Einzahl und Mehrzahl darunter. Markiere **b/p**.

Sie___   Die___   Kor___   Kal___   Sta___   Urlau___   Gra___

4 Ergänze **g** oder **k**. Schreibe dann das Wort in Einzahl und Mehrzahl darunter. Markiere **g/k**.

Flugzeu___   Ber___   Köni___   Schran___   Sie___   Ban___   Flu___

5 Setze die richtigen Buchstaben ein.

Der Geburtsta___ ist vorbei.

Lotte freut sich über jedes Geschen___.

Da sind der Zwer___ von Ole und

das Puppenklei___ von Anne.

Von Mama und Papa hat sie ein Fahrra___ bekommen.

Da ist ja noch ein Pake___! Es ist ein Glitzerstif___ von Niko.

Das war ein schöner Ta___!

6 Schreibe die Lückenwörter aus Aufgabe 5 in der Mehrzahl auf.

7 Markiere **g/k** und **d/t** in Aufgabe 6.
Überprüfe, ob du die Lückenwörter in Aufgabe 5 richtig geschrieben hast.

Strategie: Merkwörter mit V/v (M)

1 Bilde Verben mit den Vorsilben **vor-** und **ver-**. Verbinde.

| vor- | ○ singen ○ turnen ○ kommen ○ lassen | | ver- | ○ schlafen ○ suchen ○ rechnen ○ sprechen |

2 Schreibe die Verben mit den Vorsilben auf.

vorsingen,

3 Setze passende Verben aus Aufgabe 2 in den Text ein.

Der Wecker hat nicht geklingelt. Jetzt hat Niko _____.

Nun muss er _____, rechtzeitig zur Schule zu kommen.

In der Mathearbeit darf er sich nicht _____.

In Musik möchte er ein Lied _____.

In Sport darf er _____.

4 Finde sechs Wörter mit **V/v**. Markiere sie. Schreibe sie daneben auf.

N	O	V	E	M	B	E	R	A	B	C	Y
D	I	B	V	E	R	E	I	N	U	R	S
V	U	L	K	A	N	I	U	V	L	M	P
P	U	I	N	U	S	P	U	L	V	E	R
O	L	I	V	E	U	V	E	R	L	A	G

Aufforderungssätze und Ausrufe

In einem Aufforderungssatz wird jemand aufgefordert, etwas zu tun.
Am Ende setze ich ein Ausrufezeichen: **R**äum dein Zimmer auf!
Auch nach Ausrufen setze ich ein Ausrufezeichen: **T**oll! **D**as ist super!

1 Ordne die Ausrufe richtig zu. Schreibe sie in die Sprechblasen.

Igitt!

Hilfe!

Aua!

Toll!

grrgrrrrr

2 Bilde Aufforderungssätze.

den Hund an die Leine nehmen

Nimm

den Hamsterkäfig sauber machen

den Helm aufsetzen

das Geschirr abtrocknen

3 Schreibe einen eigenen Aufforderungssatz.

→ SB S. 44/45 25

Mit Sprache spielen: Geheimsprache

1 Entschlüssle die Geheimsprache.

Frau monSi hat teheu nenei gentilus Brief mit.

erstZu kann nerkei die terWör senle.

Dann hat koNi neei Idee.

Die benSil sind tauschtver.

Jetzt ist es ganz fachein!

koNi? Niko?!

2 Schreibe den Text aus Aufgabe 1 richtig auf.

3 Schreibe einige Namen deiner Freunde auf. Setze die Silbenbögen.

4 Schreibe die Namen aus Aufgabe 3 in der Geheimsprache auf.

5 Schreibe selbst einen Satz in dieser Geheimsprache.

Das kann ich jetzt

1 Schreibe vier Nomen in Einzahl und Mehrzahl auf.

Einzahl	Mehrzahl

2 Setze **d/t**, **g/k** oder **b/p** richtig ein.

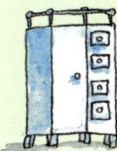 die Nach___

der Schran___

 der Mon___

der Kor___

 der Ber___

das Sie___

3 Schreibe je vier Verben mit **vor-** und **ver-** auf.

4 Bilde Aufforderungssätze.

das Fenster schließen

die Blumen gießen

5 Schreibe drei Ausrufe auf.

Traumhaft und fantasievoll

Wortfamilien

Was in einem Wort gleich bleibt, nennt man $\boxed{\text{Wortstamm}}$.
Wörter mit gleichem Wortstamm gehören zu einer **Wortfamilie**:
$\boxed{\text{zauber}}$n, be$\boxed{\text{zauber}}$n, $\boxed{\text{Zauber}}$in.

1 Welche Wörter gehören zu einer Wortfamilie?
Male sie in der gleichen Farbe an.

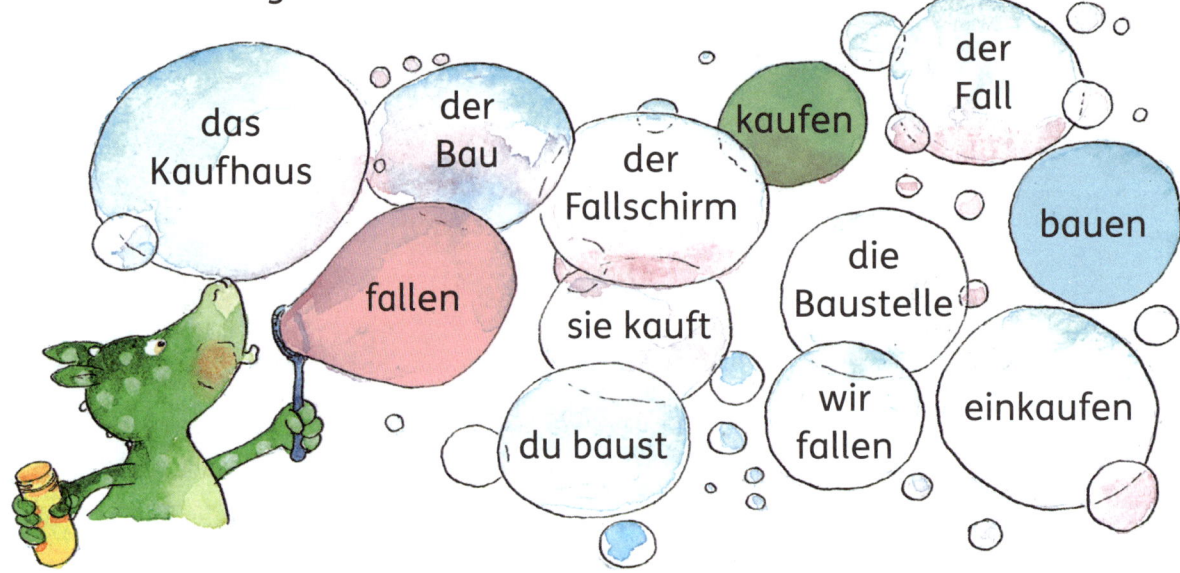

2 Ordne die Wörter aus Aufgabe 1 nach den Wortfamilien.

-fall-	-bau-	-kauf-

3 Umkreise die Wortstämme in der Tabelle.

4 Ergänze zu jeder Wortfamilie in Aufgabe 2 ein Wort.

5 Streiche das Wort durch, das nicht zur Wortfamilie passt. Umkreise jeweils den Wortstamm.

sonnen
summen
Sonne
sonnig

spielen
Spielzeug
vorspielen
Spiegel

malen
Maler
Milch
gemalt

6 Markiere die Wörter, die zur Wortfamilie **-les-** gehören.

Die kleine Hexe hat gestern lange gelesen.

Heute will sie der Klasse etwas vorlesen.

Sie holt ihr Lesebuch aus ihrer Tasche.

Die Hexenlehrerin setzt ihre Lesebrille auf.

Die kleine Hexe hat alles richtig vorgelesen.

7 Schreibe die markierten Wörter der Wortfamilie **-les-** auf. Umkreise den Wortstamm.

8 Schreibe ein weiteres Wort zur Wortfamilie **-les-** auf.

29

Strategie: Merkwörter mit aa, ee, oo Ⓜ

In manchen Wörtern mit lang gesprochenem Selbstlaut wird der Selbstlaut doppelt geschrieben. Diese Wörter muss ich mir merken.

1 Markiere in den Wörtern **aa**, **ee**, **oo** unterschiedlich.

| Fee | Moos | Haar | Schnee | leer | Boot | See |

| Paar | Zoo | Saal | Meer | Waage | Moor | Aal |

2 Schreibe die Wörter aus Aufgabe 1 geordnet auf.

aa: _____

ee: _____

oo: _____

3 Hier sind die Wörter durcheinandergeraten. Schreibe sie richtig darunter.

Segelbeet

Segelboot

Blumenboot

Blumen...

Schneefee

Märchenball

Kaffeewaage

Küchentasse

Teebeere

Waldbeutel

Strategie: Merkwörter mit Dehnungs-h (M)

In einigen Wörtern steht nach dem lang gesprochenen Selbstlaut ein **h**. Das Dehnungs-h steht vor **l, m, n, r**.

1 Schreibe die Reimwörter auf.

Je ein Wort von links und rechts reimt sich.

Sohn – Lohn,

2 Markiere jeweils den lang gesprochenen Selbstlaut und **-hr, -hl, -hn**.

3 Ordne die Wörter nach Wortfamilien in die Tabelle.

die Zahl die Wohnung wohnen abnehmen zahlen

nehmen zahllos zunehmen das Wohnhaus

-nehm-	-zahl-	-wohn-

→ SB S. 58 31

Wörter mit ie

Viele Wörter mit lang gesprochenem **i** werden mit **ie** geschrieben.

1 Sprich die Wörter deutlich. Markiere alle Wörter mit **ie**.

| Riese | Spinne | Wiese | tief | Tisch | schief | Biene |

| lieb | sie fliegt | Pinsel | Sieb | er liegt | Brief | Fliege |

2 Setze passende Wörter mit **ie** aus Aufgabe 1 in den Text ein.

Auf der _____ schläft

ein _____ .

Er schläft _____ und fest.

Er _____ unter einem Baum.

Eine _____ _____ um seine Nase.

3 Setze aus den Silben Wörter zusammen. Schreibe sie auf.

fliegen

_____

_____

_____

_____

_____

flie-
schie-
Rie-
Zie-
spie-
Wie-

-ben
-len
-se
-ge
-gen
-se

→ SB S. 59 → AH F+I S. 26/27

Wörter mit ng und nk

1 Lies die Sätze. Markiere die Wörter mit **ng** und **nk** unterschiedlich.

Niko trinkt aus dem verzauberten Brunnen.

Der Ring der Prinzessin versinkt im Wasser.

Rotkäppchen bringt der Großmutter Kuchen.

Die Hexensuppe stinkt fürchterlich.

Die Musik der Bremer Stadtmusikanten

klingt durch den Wald.

Der Schneider fängt das Einhorn im dunklen Wald.

Es sind sechs Verben.

2 Schreibe die Verben mit **ng** und **nk**
aus Aufgabe 1 ab.
Schreibe die Grundform dahinter.

trinkt – trinken,

3 Umkreise die Wortstämme.

4 Setze **ng** oder **nk** richtig ein.

die Zu_____e   der Ju_____e   der Fi_____er

der Schra_____   die Kli_____el   die Ba_____

der Ri_____   die Schla_____e   die Schra_____e

die Wa_____e   die Za_____e   das Kra_____enhaus

5 Überprüfe die Wörter mit dem Wörterbuch.

→ SB S. 60/61 33

Zu einer Bildfolge erzählen und schreiben

1 Erzähle zu den Bildern.

| 1 | spielen |

| 2 | landen | aussteigen |

| 3 | aufgeregt | zeigen |

| 4 | entdecken | festhängen |

2 Ordne die Sätze den Bildern zu.

☐ Plötzlich landet vor ihnen ein kleines Raumschiff.
Ein seltsames Männchen steigt aus.

☐ Im Baum entdecken die Kinder ein zweites Raumschiff.
Es hängt in den Zweigen fest.

1 Mila und Ali spielen auf dem Spielplatz.

☐ Das Männchen ist aufgeregt.
Es zeigt zum großen Kastanienbaum.

3 Schreibe die Sätze von Aufgabe 2 in der richtigen Reihenfolge auf.

Mila und ...

4 Schreibe die Geschichte weiter.

5 Schreibe eine passende Überschrift über deine Geschichte.

Einladung

So schreibe ich eine **Einladung**:
- Ich schreibe eine Anrede.
- Ich gebe Tag, Zeit, Ort an und sage, was für eine Veranstaltung es ist.
- Am Ende schreibe ich einen Gruß.

1 Ergänze die fehlenden Angaben in der Einladung.

Märchenparty	Feststraße 12

15 Uhr	17. Januar	dein Niko

Lieber Ole,

ich möchte dich zu meiner _____

einladen. Sie findet am _____

um _____ in der _____ statt.

Es sind lustige Spiele und Überraschungen geplant.

Viele Grüße

_____

2 Markiere die Angaben in der Einladung so:
grün: Anrede, gelb: Gruß, blau: Tag, Zeit, Ort und Art der Veranstaltung

3 Wozu willst du jemanden einladen? Kreuze an.

	zum Spielen
	zum Übernachten
	zur Geburtstagsfeier

 4 Schreibe eine Einladung dazu.

Das kann ich jetzt

1 Schreibe Wörter zu den Wortfamilien auf.

-spiel-:

-schenk-:

-sing-:

2 Schreibe Wörter mit **aa**, **ee**, **oo** auf.

aa:

ee:

oo:

3 Schreibe die Wörter unter die Bilder.

4 Schreibe Wörter mit **ie** auf.

5 Setze **ng** oder **nk** richtig ein.

die Zu___e   die Ba___   die Schla___e   das Kra___enhaus

Der Natur auf der Spur

Zusammengesetzte Nomen

Nomen, die aus mehreren Wörtern zusammengesetzt werden,
heißen **zusammengesetzte Nomen**:
der Vogel + **das N**est → **das** Vogel**n**est.

1 Verbinde die Nomen zu zusammengesetzten Nomen.
Schreibe sie mit bestimmtem Artikel daneben.

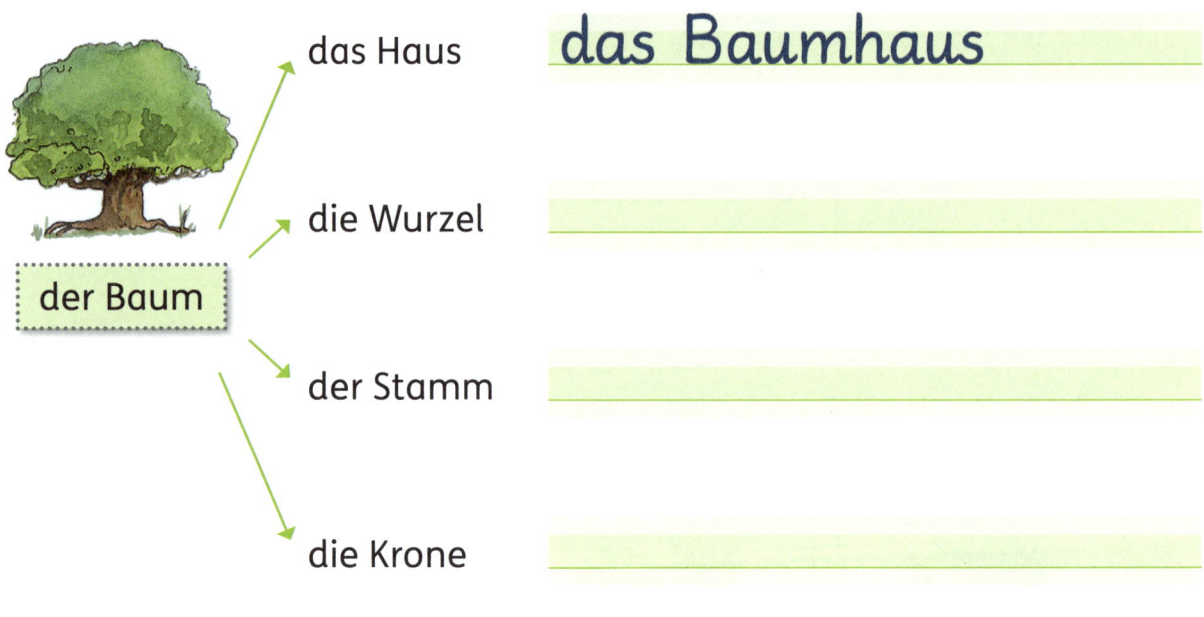

das Haus — **das Baumhaus**

der Baum

die Wurzel

der Stamm

die Krone

der Garten

der Fisch

der Teich

die Enten

das Dorf

2 Schreibe die zusammengesetzten Nomen mit bestimmtem Artikel richtig auf.

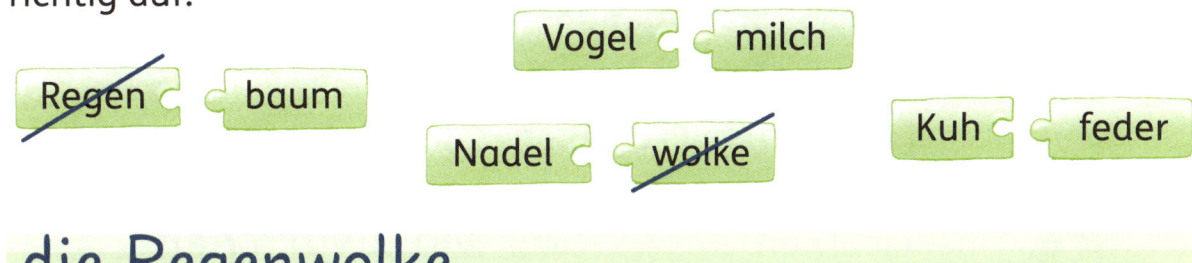

die Regenwolke, ____

____

3 Schreibe die zusammengesetzten Nomen mit bestimmtem Artikel auf.

das Schn... ____

____

____

____

4 Trenne die Nomen in der Wörterschlange mit einem Strich.
Bilde mit den Nomen eine Wörterkette.

Vogelhaus, Haus... ____

____

____

39

Nomen mit -chen und -lein

Nomen können mit **-chen** und **-lein** verkleinert werden:
die Maus – **das** Mäus**chen** oder **das** Mäus**lein**.

1 Verkleinere die Nomen mit **-chen** oder **-lein**.

der Maulwurf – _das Maulwürfchen_

das Reh – _____

die Fledermaus – _____

der Marienkäfer – _____

2 Verkleinere die Nomen. Setze sie richtig ein.

der Hase   der Vogel   der Frosch   die Wolke   die Blume

Spaziergang eines Riesen

Zuerst sieht der Riese ein _____ im Nest.

Schnell hoppelt ein _____ davon.

Auf der Lichtung blühen viele _____.

Am Himmel ziehen weiße _____ vorbei.

Am Ufer des Teichs quakt ein _____.

3 Für den Däumling ist alles groß.
Schreibe die Sätze aus Aufgabe 2 für einen Däumling auf:
Zuerst sieht der Däumling einen Vogel …

Wortfamilien

Wörter einer **Wortfamilie** haben einen **ähnlichen** Wortstamm:
der Korb – die Körbe – das Körbchen.
Der Wortstamm hilft mir, alle Wörter einer Wortfamilie
richtig zu schreiben.

1 Verbinde die Wörter mit ähnlichem Wortstamm.
Umkreise den Wortstamm.

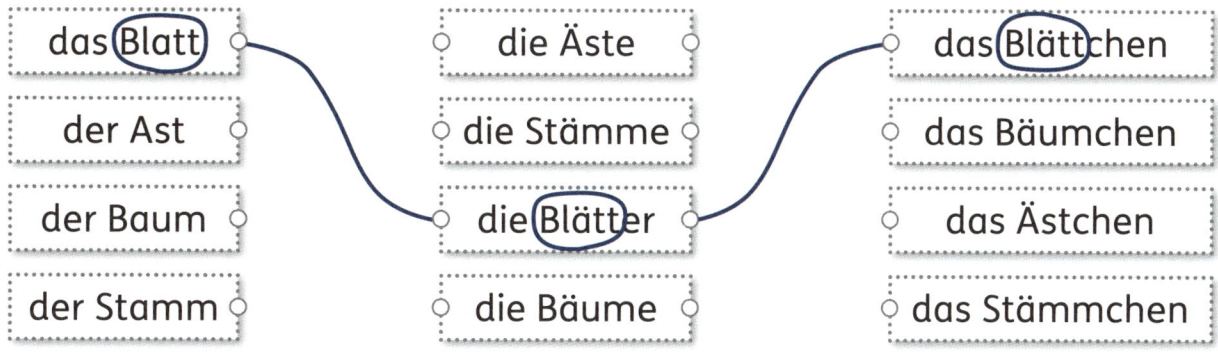

das Blatt   die Äste   das Blättchen

der Ast   die Stämme   das Bäumchen

der Baum   die Blätter   das Ästchen

der Stamm   die Bäume   das Stämmchen

2 Bilde Drillinge zu jedem Wort. Umkreise den Wortstamm.

der Apfel – die Äpfel – das Äpfelchen

der Garten – _____ – _____

der Floh – _____ – _____

der Zaun – _____ – _____

3 Schreibe drei Wörter auf, die zur selben Wortfamilie gehören.

_____

_____

Fragesätze

Wenn ich etwas wissen möchte, stelle ich eine **Frage**.
Fragesätze beginnen oft mit **Fragewörtern**: **Wer ...? Wann ...? Wo ...?**
Am Ende eines Fragesatzes steht ein **Fragezeichen**.

1 Markiere die Fragewörter.
Setze das Fragezeichen.

Wo ist Niko ___

Was ertastet Niko ___

Wer sieht ihm dabei zu ___

2 Ergänze die richtigen Fragewörter.
Setze das Fragezeichen.

| Was | Wie viele | Welche |

_____ entdeckt Niko im Baum ___

_____ Vögel sitzen im Nest ___

_____ Farbe haben die Vögel ___

3 Schreibe passende Fragen zu Nikos Antworten auf.

Gestern war ich im Wald.

_____

Ich habe verschiedene Käfer gefunden.

_____

Ich bin über eine Baumwurzel gestolpert.

_____

Adjektive

Adjektive (Wiewörter) beschreiben, wie etwas ist oder aussieht. Wenn Adjektive vor Nomen stehen, verändert sich ihre **Endung**: **braun** → ein braun**er** Rücken, **hell** → ein hell**es** Gefieder.

1 Lies die Beschreibung. Welcher Fantasievogel ist gemeint? Kreise ihn ein.

Der Vogel hat blaue Federn am Kopf.
Er hat einen langen, gebogenen Schnabel.
Außerdem hat er einen roten Bauch
mit gelben Punkten. Seine Flügel sind grün.
Er hat einen langen, blauen Schwanz.

2 Markiere alle Adjektive in der Beschreibung aus Aufgabe 1.

3 Suche dir einen Fantasievogel aus Aufgabe 1 aus. Beschreibe ihn genau. Lass deinen Partner raten.

Der Vogel hat einen _____ Kopf.

Er hat einen _____ Schnabel.

Außerdem hat er einen _____ Bauch.

Seine Flügel sind _____ .

Er hat einen _____ Schwanz.

→ SB S. 76/77   → AH F+I S. 32/33 43

Strategie: Adjektive verlängern

Um herauszufinden, wie ein Adjektiv am Ende geschrieben wird, verlängere ich es: gel**b/p** → der gel**be** Flügel → also: gel**b**.

1 Verlängere die Adjektive. Setze die Buchstaben richtig ein. Schreibe die Adjektive richtig dahinter.

b oder **p**?   der hal__b__e Baumstamm   → also: _halb_____

d oder **t**?   der brei___e Fluss   → also: _____

b oder **p**?   der gro___e Sand   → also: _____

d oder **t**?   die gesun___en Beeren   → also: _____

g oder **k**?   der schwieri___e Wanderweg   → also: _____

d oder **t**?   der bun___e Schmetterling   → also: _____

2 Markiere **b/p**, **g/k**, **d/t**.

3 Setze **g** oder **k**, **d** oder **t**, **b** oder **p** richtig ein.

Die Tiere des Waldes

Der Körper des Fuchses ist schlan___.
Nun ist der Fuchs hungri___. Deshalb hoppelt
der Hase hasti___ davon.

Der Frosch ist glitschi___ und springt muti___
kopfüber in den Bach.

Neugeborene Mäuse sind winzi___.
Sie werden nack___ und blin___ geboren.

Der Zitronenfalter ist gel___.
Im Frühling lie___t er es, sich zu sonnen.

44   → SB S. 78

Eine Tiergeschichte weiterschreiben

So **schreibe** ich eine **Geschichte weiter**:
- Was ich schreibe, muss zum Anfang passen.
- Die Personen oder Tiere kommen weiter vor.
- Ich erzähle in der richtigen Reihenfolge.
- Ich überlege mir einen passenden Schluss.

1 Lies die Geschichte. Überlege, wie die Geschichte weitergehen könnte. Die Stichwörter unten können dir helfen.

Mila schaut aus dem Fenster in den Garten. Der erste Schnee fällt. Doch was ist das? Ein kleiner Igel schleppt sich langsam über die Wiese. Mila ist ganz aufgeregt ...

| Untersuchung beim Tierarzt | Igel zu schwach und zu jung | im Frühjahr freigelassen |

Vater baut Igelgehege im Keller · Igel überwintert

2 Schreibe die Geschichte von Mila und dem Igel weiter.

3 Schreibe eine passende Überschrift zu deiner Geschichte.

4 Schreibe die Tiergeschichte weiter.

Maxi fliegt weg

Ole trägt den Käfig mit seinem Wellensittich in den Garten.
Ole spielt mit dem Ball. Plötzlich prallt der Ball gegen den Käfig.
Der Käfig fällt vom Tisch, die Tür springt auf und Maxi fliegt weg ...

→ SB S. 79 45

Steckbrief

Ich beachte bei einem **Steckbrief**:
Ich schreibe die wichtigsten Informationen über einen Menschen,
ein Tier oder einen Gegenstand in Stichwörtern untereinander auf.

1 Lies den Text.

Der Weißstorch
Der Weißstorch ist stehend etwa 80 cm groß.
Sein Gefieder ist weiß.
Seine Flügelspitzen sind schwarz.
Der Schnabel ist lang, spitz und rot.
Er lebt an Teichen und Flüssen.
Besonders gern frisst er Frösche, Mäuse,
Insekten, Regenwürmer und Fische.
Er ist ein Zugvogel und überwintert in Afrika.

2 Setze die markierten Wörter aus Aufgabe 1 in den Steckbrief ein.

Steckbrief: _Weißstorch_

Größe: _____

Gefieder: _____

Schnabel: _____

Lebensraum: _____

Nahrung: _____

_____

Besonderheiten: _____

 3 Wähle einen Vogel und schreibe einen Steckbrief.

Das kann ich jetzt

1 Schreibe vier zusammengesetzte Nomen auf. Schreibe so:
der Wald + die Ameise → die Waldameise

2 Bilde Fragesätze mit den Fragewörtern.
Markiere das Fragezeichen am Ende.

Wer

Was

Wie

3 Markiere alle Adjektive.

> Es sind fünf Adjektive.

Der Igel hat spitze Stacheln.
Im hohen Baum sitzt ein braunes Eichhörnchen.
Die kleine Maus huscht in ein dunkles Loch.

4 Setze die Buchstaben richtig ein.

Der Bär ist star___ und riesi___.

Schnecken sind tau___.

Das Fell des Wildschweins ist struppi___.

Junge Füchse sind wil___.

Der Kobel des Eichhörnchens ist run___.

Bei uns und anderswo

Strategie Ableiten: Wörter mit ä/e, äu/eu ⚡

Ein Wort wird mit **ä** oder **äu** geschrieben, wenn es ein verwandtes Wort mit **a** oder **au** gibt: die B**äu**me – der B**au**m → die B**äu**me, z**ä**hlen – die Z**a**hl → z**ä**hlen.

1 Verbinde die verwandten Wörter. Markiere **a/ä** und **au/äu**.

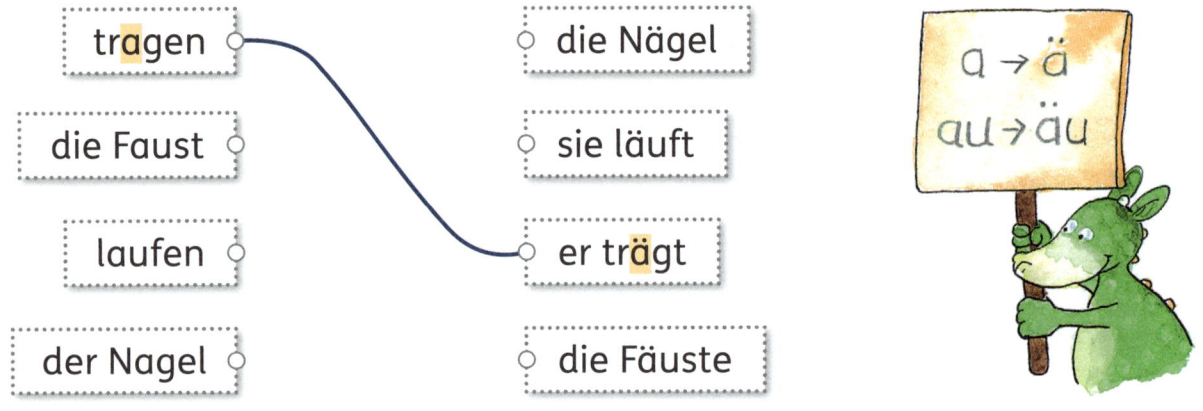

tragen — er trägt

die Faust

laufen

der Nagel

die Nägel

sie läuft

die Fäuste

a → ä
au → äu

2 Verbinde die verwandten Wörter. Markiere **a/ä** und **au/äu**.

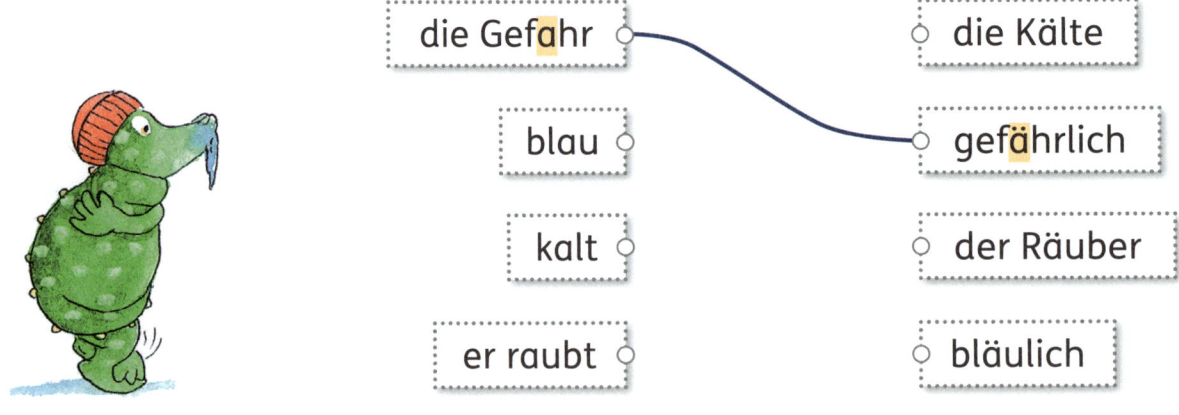

die Gefahr — gefährlich

blau

kalt

er raubt

die Kälte

der Räuber

bläulich

3 Schreibe unter die Wörter ein verwandtes Wort mit **a** oder **au**.

der Käufer   kräftig   schäumen   lächeln

Endungen -en, -el, -er

1 Finde Reimwörter auf **-en**, **-el** und **-er**.
Markiere die Endungen unterschiedlich.

-en	-el	-er

Kerzen
Herz____

Igel
Spieg____

Butter
Mutt____

flieg____
wieg____

Hag____
Nag____

Reit____
Leit____

schreib____
r_____

Rüss____
Schl_____

Fenst____
Gespenst____

wink____
tr_____

Ins____
P_____

Mau____
B_____

2 Setze **-en**, **-el** und **-er** richtig ein.
Markiere die Endungen unterschiedlich.

Meying sitzt gern auf der Schauk____.

Timo sucht Raup____ im Blumenbeet.

Niko spielt mit dem Kat____.

Merit läuft durch den Reg____.

Ali liest gerne Büch____.

3 Schreibe die Wörter zu den Bildern. Markiere **-en**, **-el** und **-er**.

die _____

Wörter mit Sp/sp

 Setze **Sp/sp** richtig ein.

_____itz

der _____atz

die _____inne

die _____agetti

der _____iegel

_____ritzen

_____ringen

 Löse das Rätsel mit den Wörtern aus Aufgabe 1.

1 Eine Nadel ist ...
2 Ein kleiner brauner Vogel:
3 Ein Tier mit acht Beinen:
4 Lange, dünne Nudeln:
5 Darin kannst du dich sehen:
6 Das machst du mit dem Schlauch:
7 Das Känguru kann besonders gut ...

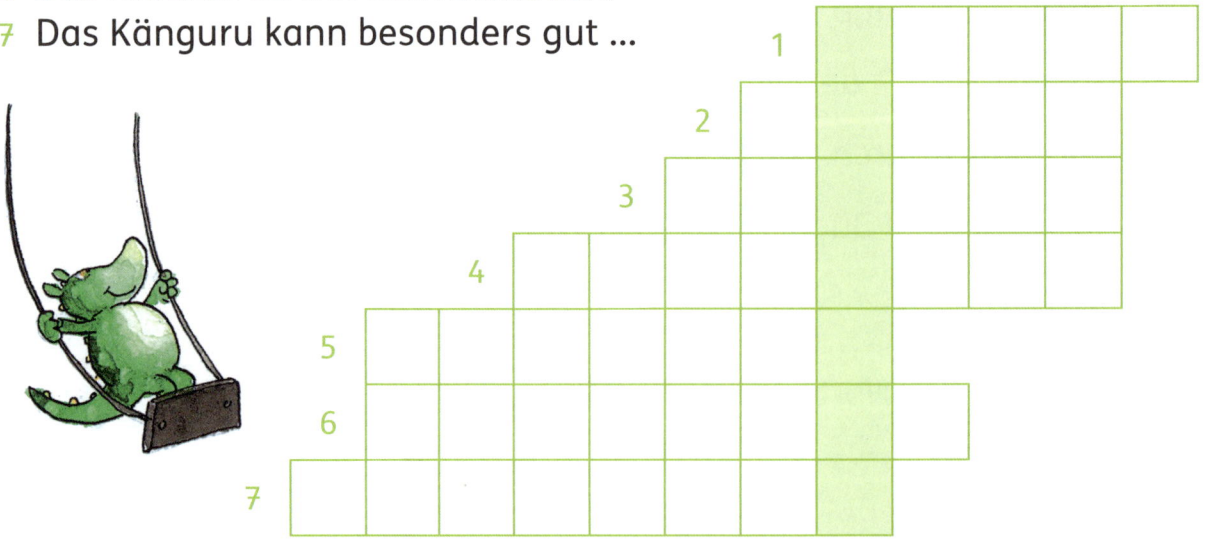

Lösungswort: Auf dem Spielplatz kannst du __ __ __ __ __ __ __ .

50   → SB S. 90

Wörter mit St/st

 Setze **St/st** richtig ein.

der _____ift

die _____erne

die _____raße

der _____orch

der _____uhl

_____reiten

_____eil

 Löse das Rätsel mit den Wörtern aus Aufgabe 1.

1 Damit schreibst du:
2 Du siehst sie nachts am Himmel:
3 Darauf fahren Autos:
4 Weißer Vogel mit rotem Schnabel:
5 Darauf sitzt du:
6 Das Gegenteil von sich vertragen ist ...
7 Der Weg zum Berggipfel ist ...

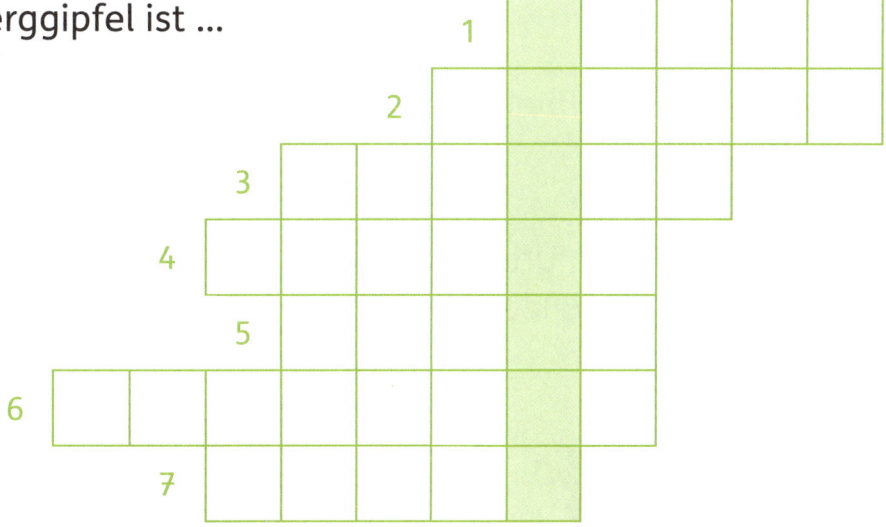

Lösungswort: Die Biene hat einen __ __ __ __ __ __ __ .

Einen Brief schreiben

So schreibe ich einen **Brief**:

Ort, Datum	*Wiesenstadt, 25. Mai 2014*
Anrede mit Komma	*Liebe ..., Lieber ..., Hallo ...,*
Inhalt	nach der Anrede mit Komma schreibe ich klein weiter
Gruß	*Liebe Grüße / Viele Grüße*
Name	*dein ... / deine ...*

1 Ordne Sofies Brief.
Trage die Zahlen von 1 bis 5 in der richtigen Reihenfolge ein.

☐ Viele Grüße
deine Sofie

☐ Am Samstag kann ich dich besuchen.
Wir können gerne schwimmen gehen.

☐ Liebe Meiying,

☐ Blumendorf, 27. Mai 2014

☐ hoffentlich geht es dir gut.

2 Schreibe den Brief aus Aufgabe 1 richtig auf.

3 Niko ist in den Urlaub gefahren. Schreibe einen Brief von Niko an Hugo. Die Bilder können dir dabei helfen.

Briefumschlag

1 Schreibe deine Adresse auf.

_____

Vorname   Name

_____

Straße   Hausnummer

_____

Postleitzahl   Ort

2 Verbessere Alis
Briefumschlag.
Male eine Briefmarke
an die richtige Stelle.

Ali Yilmaz
6 Rosenstraße
Wiesenstadt 67890

Neumann Ole
67890 Wiesenstadt
Vogelweg 12

3 Bastle einen Briefumschlag für
Nikos Urlaubsbrief an Hugo.
Denke dir die Adressen aus und
beschrifte ihn richtig.

Blättere um.

→ SB S.93 53

Bastelanleitung

So schreibe ich eine **Bastelanleitung**:
- Ich schreibe auf, welche Bastelmaterialien benötigt werden.
- Ich erkläre Schritt für Schritt, was zu tun ist.
- Ich nummeriere die einzelnen Schritte durch.
- Ich kann zu meiner Anleitung eine Zeichnung machen.

1 Schau dir die Bilder an und bastle den Briefumschlag.

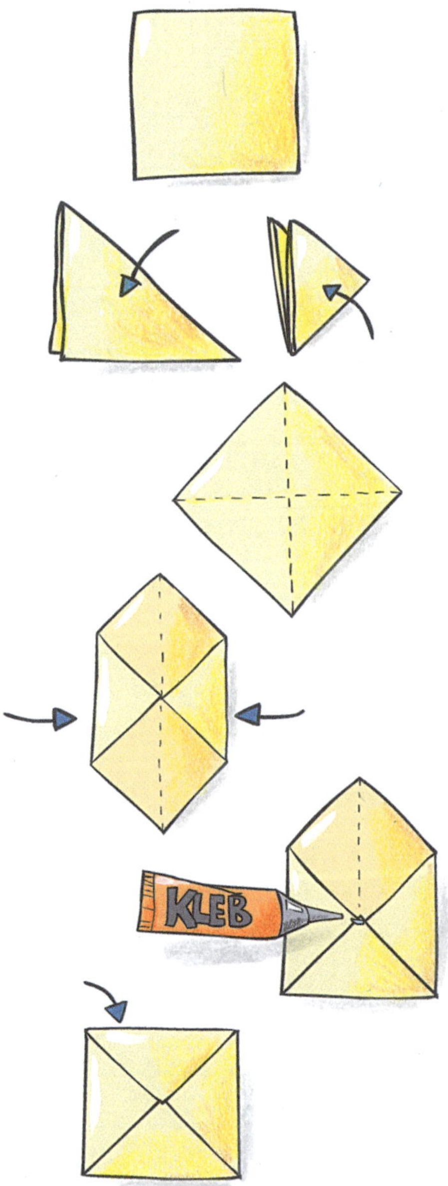

1		linke und rechte Ecke zur Mitte falten
2		obere Ecke zur Mitte falten; fertig ist der Briefumschlag
3		Papier zweimal zum Dreieck falten
4		untere Ecke über die Mitte falten und festkleben
5	*1*	ein quadratisches Blatt Papier nehmen
6		Dreiecke auseinanderfalten; Quadrat so drehen, dass eine Ecke nach unten zeigt

2 Nummeriere die Stichwörter in der richtigen Reihenfolge.

3 Schreibe eine Bastelanleitung für den Briefumschlag.

54   → SB S. 96/97

Das kann ich jetzt

1 Schreibe das verwandte Wort mit **a** oder **au** daneben.
Markiere **a/ä** und **au/äu**.

| der Raum | laufen | die Schale | raten |

der Läufer – _____

schälen   – _____

das Rätsel – _____

räumen   – _____

2 Schreibe Wörter mit **-en**, **-el**, **-er** in die Tabelle.
Markiere **-en**, **-el**, **-er** unterschiedlich.

-en	-el	-er

3 Schreibe Wörter mit **Sp/sp** und **St/st** in die Tabelle.
Markiere **Sp/sp** und **St/st** unterschiedlich.

Sp/sp	St/st

Unsere Erde, unser Zuhause

Kurz oder lang gesprochene Selbstlaute

Selbstlaute können kurz (Ạpfel) oder lang (Dọse) gesprochen werden.

1 Verbinde die Wörter mit dem passenden Bild.

Ẹnte ○

Vogel ○

Bank ○

Glas ○

Die armen Tiere!

○ Schwan

○ Kiste

○ Frosch

○ Rad

2 Markiere den ersten Selbstlaut in den Nomen von Aufgabe 1.

3 Markiere, ob der Selbstlaut kurz (•) oder lang (–) gesprochen wird.

4 Trage die Nomen aus Aufgabe 1 in die Tabelle ein.

kurz gesprochener Selbstlaut	lang gesprochener Selbstlaut

5 Finde selbst noch ein passendes Nomen für jede Spalte.

Kurz gesprochene Selbstlaute

Auf einen kurz gesprochenen Selbstlaut folgen mindestens zwei Mitlaute: Wolke, Frosch, Birne.

1 Trenne die Wörter in der Wörterschlange mit einem Strich.

LandwaschenTantewünschenPflanzehelfenFruchtdenken

2 Schreibe alle Wörter auf.
Markiere den kurz gesprochenen Selbstlaut.
Umkreise die folgenden Mitlaute: Land, ...

3 Markiere die Reimwörter in derselben Farbe.

| zanken | Socke | Fleck | klingen | hüpfen |

| schlüpfen | danken | singen | Flocke | Dreck |

4 Schreibe die Reimwörter auf.
Markiere den kurz gesprochenen Selbstlaut.
Umkreise die folgenden Mitlaute: zanken – danken, ...

→ SB S. 103 57

Doppelter Mitlaut

Höre ich nach einem kurz gesprochenen Selbstlaut nur einen Mitlaut, dann wird dieser verdoppelt: Mutter, Zimmer, essen.

1 Setze **mm**, **nn**, **ss** oder **ll** ein.

kä_____en   kü_____en   kna_____en

bru_____en   bre_____en   me_____en

2 Markiere den kurz gesprochenen Selbstlaut.
Umkreise den doppelten Mitlaut: kä(mm)en, ...

3 Nummeriere die Wörter nach dem Alphabet.
Schreibe die Wörter nach dem Alphabet geordnet auf.

	Zimmer		voll		Müll		trennen
	Pappe		immer		Tonne		sammeln

4 Markiere den kurz gesprochenen Selbstlaut.
Umkreise den doppelten Mitlaut: i(mm)er, ...

5 Schreibe die Reimwörter auf. Finde selbst ein Reimwort.

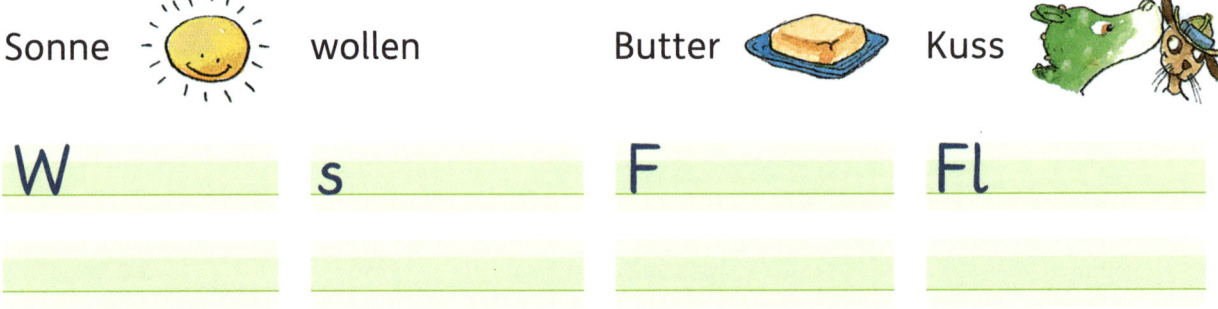

Sonne   wollen   Butter   Kuss

W_____   s_____   F_____   Fl_____

Doppelter Mitlaut: Silbentrennung

Wörter mit doppeltem Mitlaut trenne ich zwischen den beiden Mitlauten: Spin-ne, Rol-ler.

1 Zeichne die Silbenbögen. Schreibe die Wörter getrennt auf.

Hummel: _Hum-_   brennen: _____

Tunnel: _____   starren: _____

brüllen: _____   Ritter: _____

2 Setze die Nomen richtig zusammen.

Ich bin koNi.

meStim: _____   lerKel: _____

merSom: _____   feAf: _____

lerRol: _____   zaPiz: _____

3 Zeichne die Silbenbögen. Markiere alle Selbstlaute.

4 Verbinde die Silben zu Wörtern. Schreibe sie auf.

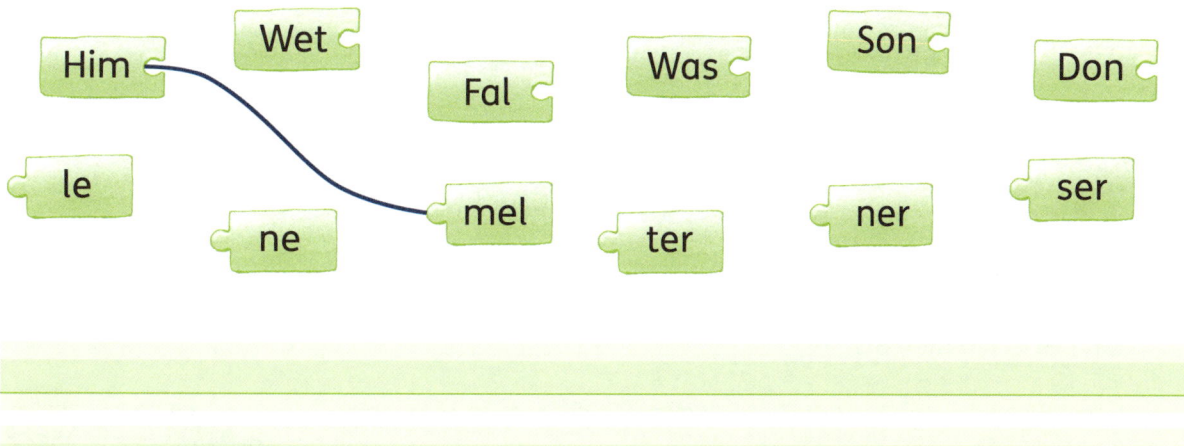

Him — Wet — Fal — Was — Son — Don
le — ne — mel — ter — ner — ser

5 Zeichne die Silbenbögen. Markiere alle Selbstlaute.

Wörter mit tz

1 Schreibe die Wörter mit **tz** auf.

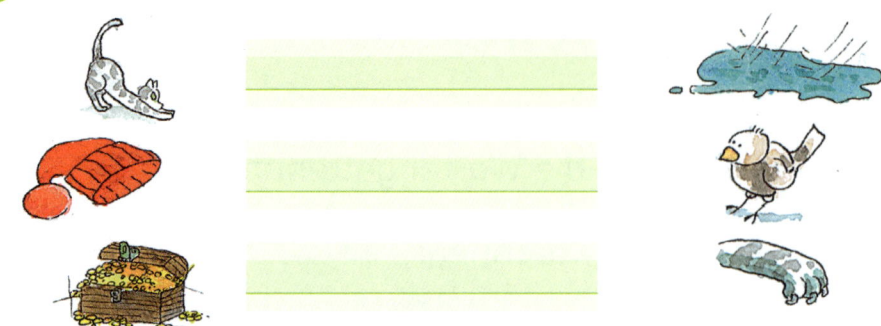

2 Schreibe die Reimwörter aus Aufgabe 1 auf.

3 Markiere den kurz gesprochenen Selbstlaut. Umkreise **tz**.

4 Setze die Wörter richtig ein.

| spritzen | abspritzen | schmutzig | putzen |

| Pfützen | Putztag | flitzen | witzig |

Heute ist _____!

Am Morgen beschließen Anne, Nina und Niko:

„Wir müssen unsere Fahrräder _____.

Wir _____ immer so schnell

durch die _____. Deshalb sind

unsere Räder so _____."

Sie _____ die Räder mit Wasser

_____. Danach _____ sie sich

selbst nass. Das ist _____!

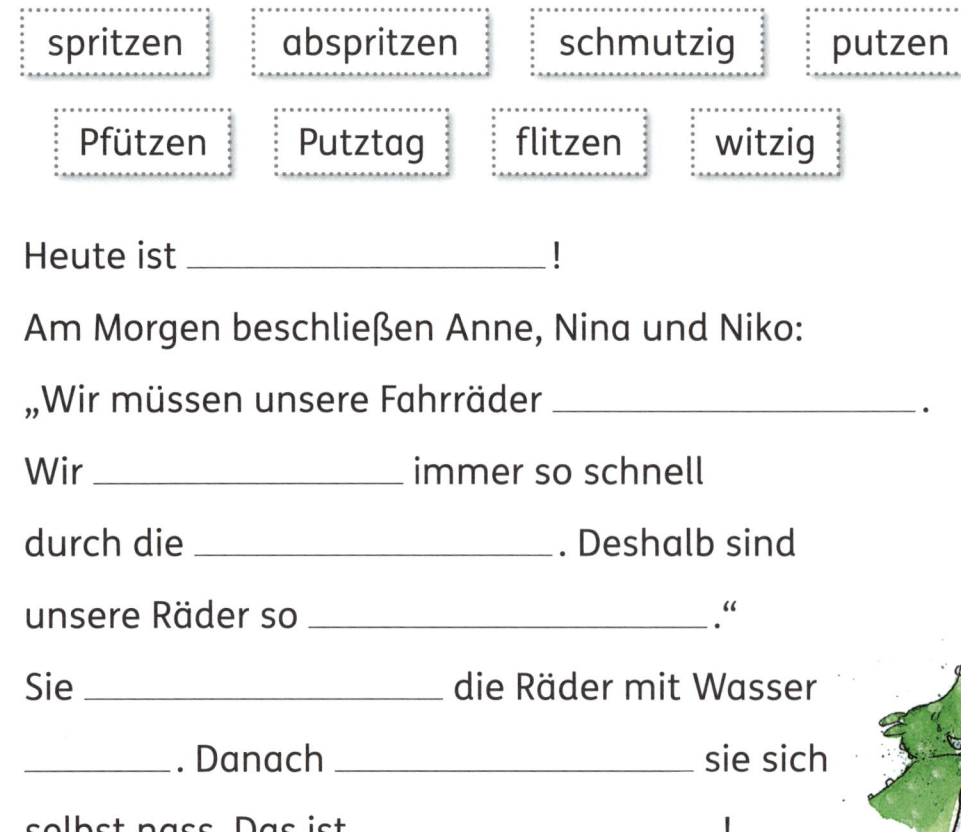

Wortfelder

Eine Geschichte wird interessanter, wenn sich die Wörter nicht wiederholen. Ich kann andere Wörter mit ähnlicher Bedeutung aus dem **Wortfeld** benutzen:
Wortfeld **fahren**: rollen, radeln, lenken, ...

1 Lies die Sätze. Streiche das falsche Verb durch.

Ich *flitze/tanze* auf meinem Fahrrad.

Ole *schleicht/paddelt* mit seinem Schlauchboot.

Nina *saust/geht* mit ihren Inlinern.

Oma und Opa *hüpfen/fahren* mit dem Wohnwagen in den Urlaub.

2 Streiche alle Wörter, die nicht zum Wortfeld **fahren** gehören.

rasen	essen	rollen	trinken

singen	flitzen	sausen	schlafen

3 Verändere die Sätze. Setze für **fahren** sinnvolle Verben aus dem Wortfeld von Aufgabe 2 ein.

Ich _fahre_____ den Berg hinunter.

Ich _____ den Berg hinunter.

Ich _____ den Berg hinunter.

Ich _____ den Berg hinunter.

Ich _____ den Berg hinunter.

→ SB S. 108/109 61

Geschichten schreiben

Ich beachte bei meiner **Geschichte** die richtige **Reihenfolge**:
– Wie beginnt die Geschichte?
– Was geschieht in der Geschichte?
– Wie geht die Geschichte aus?
– Welche Überschrift passt zu der Geschichte?

1 Sieh dir das Bild an. Wie beginnt die Geschichte? Kreuze an.

☐ Ole und sein Hund Benni machen einen Spaziergang im Wald.

☐ Ole und sein Hund Benni spielen im Garten.

2 Was geschieht in deiner Geschichte? Wähle aus und kreuze an.
Schreibe mit den Stichwörtern weiter.

☐
– bellt aufgeregt
– versteckt sich hinter Felsen
– drei kleine Füchse

☐
– gräbt tief
– etwas Hartes
– Schatzkiste

62   → SB S. 110/111

3 Welcher Schluss passt zu deiner Geschichte? Kreuze an.

Du kannst auch einen eigenen Schluss erfinden.

4 Schreibe deinen Schluss auf.

5 Wähle eine Überschrift oder erfinde selbst eine passende Überschrift.

Der Schatz im Wald

Fuchsfamilie in Gefahr

Vorsicht Füchse!

Wer wohnt denn da?

Ole und Benni finden einen Schatz

63

Geschichten überarbeiten

So **überarbeite** ich **eine Geschichte**:
- Passt die Überschrift zur Geschichte?
- Steht die Geschichte in der richtigen Reihenfolge?
- Beginnen die Sätze mit unterschiedlichen Wörtern?
- Werden unterschiedliche Verben benutzt?

1 Finde die richtige Reihenfolge. Nummeriere die Karten.

Zum Glück war der Schnee ganz weich. Niemand hat sich verletzt.

Niko und Ali fahren mit dem Schlitten.

Heute Nacht hat es geschneit.

Aber Niko kann nicht richtig lenken.

Deshalb fahren sie in einen riesigen Schneeberg.

2 Welche Überschrift passt zur Geschichte in Aufgabe 1? Kreuze an.

Der lustige Schneemann

Immer Ärger mit den Skiern

Niko kann nicht lenken

3 Markiere alle Wörter, die zum Wortfeld **sagen** gehören.

schreien   essen   flüstern   kämpfen   reden

hüpfen   rufen   antworten   brüllen   singen

Das kann ich jetzt

1 Markiere den ersten Selbstlaut.

| Wolke | Hase | Schule | Flasche | Katze |

| Gras | Busch | Ameise | Brot |

2 Markiere, ob der Selbstlaut kurz (•) oder lang (–) gesprochen wird.

3 Schreibe vier Wörter mit doppeltem Mitlaut auf.

4 Schreibe vier Wörter mit **tz** auf.

5 Zeichne die Silbenbögen. Schreibe die Wörter in Silben getrennt auf.

Zimmer: _____   Sonne: _____

Wasser: _____   Löffel: _____

rennen: _____   wetten: _____

6 Schreibe Reimwörter auf.

Sonne   knallen   flitzen   Tatze

7 Schreibe Verben zum Wortfeld **fahren** auf.

Bücherwurm und Computermaus

Verben mit Vorsilben

Durch **Vorsilben** ändert sich die Bedeutung von Verben:
lesen: **vor**lesen, **ver**lesen, **mit**lesen, **nach**lesen.

1 Setze die passenden Vorsilben in den Lückentext ein.

| ver- | mit- | über- | auf- |

Wir werden heute ein Hörspiel _____ nehmen.

Niko wird die Hauptrolle _____ nehmen.

Wenn das Hörspiel fertig ist,

dürfen alle Kinder eine CD _____ nehmen.

Wir wollen die CD zum Schulfest _____ kaufen.

2 Schreibe die Verben mit passenden Vorsilben auf.

| vor- | ver- | an- | auf- | nach- | aus- |

| sagen | hören | sehen |

3 Schreibe mit zwei Wörtern aus Aufgabe 2 je einen Satz.

Bb/Pp, Dd/Tt, Gg/Kk am Wortanfang

1 Setze die fehlenden Buchstaben ein.

B/b: __runo __är __ackt __rötchen.

D/d: __ackel __ora __öst auf __em __ach.

T/t: __ante __ina __anzt __äglich __ango.

P/p: __inguin __aul __upst __lötzlich.

2 Entscheide und setze richtig ein.

B/b oder P/p	D/d oder T/t	G/g oder K/k
__rief	__elefon	__alender
__lanen	__euer	__ruß
__aket	__rei	__ras

3 Lies den Text. Setze die fehlenden Buchstaben ein.

Liebe __inder der __lasse 2,

am __ienstag möchte ich mit euch die

__ücherei __esuchen. __ort findet ihr viele

__olle und spannende __inderbücher.

__itte __ackt in euren Rucksack euer __rot

und euer __etränk ein. An diesem __ag

__raucht ihr __eine Schultasche.

Es __ibt auch __eine Hausaufgaben!

Um 12 Uhr __ommen wir zurück zur Schule.

Eure Frau Simon

Oh nein, der Drucker ist kaputt!

→ SB S. 120   → AH F+I S. 48–50   67

Wörter mit Qu/qu

1 Ordne die Wörter nach den Wortfamilien -quatsch- und -quassel-.
Male sie in derselben Farbe an.

die Quasselstrippe   quatschen   die Quasselei

quasseln   der Quatsch   der Quatschkopf

2 Löse das Kreuzworträtsel.
In allen Wörtern
steckt **Qu/qu**.

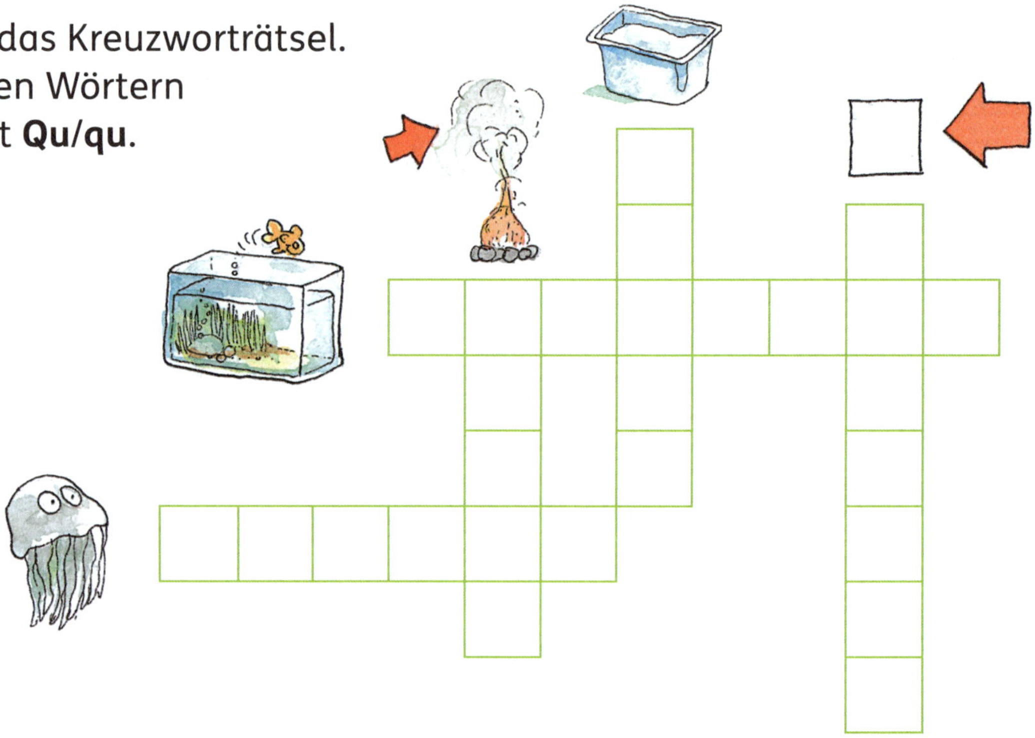

3 Suche dir Wörter mit **Qu/qu** aus Aufgabe 1
und 2 aus. Schreibe Quatschsätze.

*Quallen quatschen
Quatsch im Aquarium.*

Klappentexte

1 Was ist ein Klappentext? Kreuze richtig an.

Er steht auf der Rückseite des Buches.

Er steht auf der ersten Seite des Buches.

Er ist kurz und soll auf das Buch neugierig machen.

Er erzählt ausführlich, was im Buch vorkommt.

2 Lies die Klappentexte genau. Markiere das richtige Buch.
Unterstreiche die Wörter, die dir die Lösung verraten haben.

Hier erfährst du alles über
die Zeit der Ritter und Burgen.
Da wird das Mittelalter
lebendig!

In diesem Lexikon findest du
Informationen über die Tiere
dieser Welt. Jeder Erdteil
wird mit seinen Tieren vorgestellt.

In diesem Buch findest du
die besten Schülerwitze.
Da bleibt kein Auge trocken!

 3 Schreibe einen Klappentext
für dein Lieblingsbuch.

Errät jemand dein Buch?

→ SB S. 123 69

Buchvorstellung

1 Ergänze Nikos Buchvorstellung.

| lustig und spannend | | Max | | Seite 7 |

Mein Lieblingsbuch heißt:

_____ .

Der Autor heißt: _____ .

Es handelt von: einem kleinen Zauberer

namens _____ .

Er nimmt an einem Zaubererwettbewerb teil.

Dabei geht einiges schief.

Meine Lieblingsstelle ist auf _____ .

Mir gefällt das Buch,

weil es _____ ist.

Einige Zaubertricks werden erklärt. Es macht Spaß, sie auszuprobieren.

2 Suche dir ein Buch aus. Schreibe deine Buchvorstellung.

Mein Buch heißt: _____

Der Autor / Die Autorin heißt: _____

Es handelt von: _____

_____

_____

Meine Lieblingsstelle ist auf Seite _____

Mir gefällt das Buch, weil _____

_____

Eine Geschichte schreiben

1 Wähle ein Bild aus und erzähle dazu.

2 Wie könnte die Geschichte weitergehen?
Sammle Ideen auf dem Stichwortzettel.

→ SB S. 128 71

3. Schreibe deine Geschichte zu Seite 71 auf.
Finde eine passende Überschrift.

Das kann ich jetzt

1 Schreibe vier Verben mit Vorsilben auf. Markiere die Vorsilben.

2 Schreibe je vier Wörter mit **B/b** oder **P/p** am Wortanfang auf.

B/b:

P/p:

3 Schreibe je vier Wörter mit **D/d** oder **T/t** am Wortanfang auf.

D/d:

T/t:

4 Schreibe je vier Wörter mit **G/g** oder **K/k** am Wortanfang auf.

G/g:

K/k:

5 Schreibe die Wörter unter die Bilder. Markiere **Qu/qu**.

Durch das Jahr

Der Jahreskreis

1 Ergänze die fehlenden Monate und Jahreszeiten.

Jahreszeit	Monate
	März, April, Mai
Sommer	
	September, Oktober, November
Winter	

2 Schreibe zu jedem Monat das passende Ereignis.

Wetter   Weihnachten   Drachen

Krokusse   Tag   Schwimmbad

Im Dezember ist _____.

Im März blühen _____.

Im April macht das _____, was es will.

Im Juni ist der längste _____ des Jahres.

Im Oktober lassen wir unsere _____ steigen.

Im August gehen wir ins _____.

3 Welche Monate fehlen in Aufgabe 2? Schreibe sie auf.

_____

_____

Herbst

1 Markiere im Suchsel neun Herbstwörter.

W	I	N	D	L	O	Z	N	E	B	E	L
L	K	A	S	T	A	N	I	E	B	J	Z
A	P	F	E	L	Y	T	K	B	A	U	M
S	F	I	T	Z	B	O	V	O	G	E	L
L	A	T	E	R	N	E	B	L	A	T	T
F	E	L	D	E	R	C	V	R	W	S	Z

2 Schreibe die Wörter aus dem Suchsel auf.

3 Wähle ein Herbstwort aus Aufgabe 2.
Schreibe die Buchstaben des Wortes untereinander.
Finde zu jedem Buchstaben ein Herbstwort.

Apfelbaum
Pflaume
Fallobst
Esskastanie
Laterne

So ein Gedicht nennt man Akrostichon.

→ SB S. 135 75

Winter

1 Lies das Gedicht laut vor.
Schreibe die Anzahl der Wörter neben die Zeilen.

Wintertag   _____ Wort

Schnee fällt   _____ Wörter

Es ist kalt   _____ Wörter

Ich trinke heißen Kakao   _____ Wörter

Lecker   _____ Wort

2 Zähle die Anzahl der Wörter zusammen: Es sind _____ Wörter.

Wie nennt man so ein Gedicht? _____

3 Schreibe möglichst viele Winterwörter auf.

4 Schreibe ein Winterelfchen.

_____ (1)

_____ (2)

_____ (3)

_____ (4)

_____ (1)

Frühling

1 Verbinde die Bilder mit dem richtigen Text.

Dann drücke ich drei Bohnen vorsichtig in die Erde.

Ich fülle Erde in einen Tontopf.

Ich beobachte, wie sich die Pflanze entwickelt.

Ich gieße regelmäßig.

2 Pflanze selbst Bohnen. Schreibe auf, was du dazu brauchst.

3 Trage deine Beobachtungen in die Tabelle ein.

Datum	Beobachtung
	drei Bohnen gepflanzt

→ SB S. 140

77

Übersicht über die Lerninhalte

Kapitel	Lesen – mit Texten und Medien umgehen	Texte verfassen (Schreiben)
Miteinander lernen	Arbeitsanweisungen lesen und verstehen: S. 4–11	
Gesund und munter	Arbeitsanweisungen lesen und verstehen: S. 12–19 Eine Handlung nach Bildern verstehen und umsetzen (Rezept): S. 17	Sätze schreiben: S. 12 Eine Handlungsabfolge in die richtige Reihenfolge bringen (Rezept): S. 17 Ein Rezept aufschreiben: S. 17 Eine Geschichte zu einem Bild schreiben: S. 18
Du und ich und wir	Arbeitsanweisungen lesen und verstehen: S. 20–27	Etwas in Geheimsprache schreiben: S. 26
Traumhaft und fantasievoll	Arbeitsanweisungen lesen und verstehen: S. 28–37 Sätze Bildern zuordnen: S. 34 Angaben sinngemäß richtig in einen Lückentext einsetzen: S. 36	Zu einer Bildfolge erzählen und schreiben: S. 34/35 Eine Einladung schreiben: S. 36
Der Natur auf der Spur	Arbeitsanweisungen lesen und verstehen: S. 38–47 Sachtexten Informationen entnehmen: S. 46	Fragen zu Antworten formulieren: S. 42 Einen Vogel beschreiben: S. 43 Eine Geschichte weiterschreiben: S. 45 Einen Steckbrief schreiben: S. 46
Bei uns und anderswo	Arbeitsanweisungen lesen und verstehen: S. 48–55 Rätsel: S. 50/51 Einen Brief in die richtige Reihenfolge bringen: S. 52 Eine Bastelanleitung lesen und befolgen: S. 54 Eine Bastelanleitung in die richtige Reihenfolge bringen: S. 54	Einen Brief schreiben: S. 52 Einen Briefumschlag beschriften: S. 53 Eine Bastelanleitung schreiben: S. 54
Unsere Erde, unser Zuhause	Arbeitsanweisungen lesen und verstehen: S. 56–65 Texte Bildern zuordnen: S. 62 Überschriften sinngemäß zuordnen: S. 63/64 Einen Text in die richtige Reihenfolge bringen: S. 64	Eine Geschichte nach Vorgaben schreiben: S. 62/63 Eine Geschichte überarbeiten: S. 64
Bücherwurm und Computermaus	Arbeitsanweisungen lesen und verstehen: S. 66–73 Klappentexte lesen und Covern zuordnen: S. 69 Angaben sinngemäß einsetzen: S. 70 Ein Buch vorstellen: S. 70	Einen Klappentext schreiben: S. 69 Eine Buchvorstellung schreiben: S. 70 Eine Geschichte zu einem Bild schreiben: S. 71/72
Durch das Jahr	Arbeitsanweisungen lesen und verstehen: S. 74–77 Monate und Jahreszeiten kennenlernen: S. 74 Ein Akrostichon kennenlernen: S. 75 Ein Elfchen kennenlernen: S. 76 Handlungsanweisung Bildern zuordnen: S. 77 Eine Handlung nach Bildern verstehen und umsetzen: S. 77	Ein Akrostichon schreiben: S. 75 Ein Elfchen schreiben: S. 76 Beobachtungen in einer Tabelle protokollieren: S. 77

78

Sprache und Sprachgebrauch untersuchen	Richtig schreiben (Schreiben)
Nomen: S. 4–6 Bestimmter und unbestimmter Artikel: S. 5/6 Aussagesätze: S. 7	Großschreibung von Nomen: S. 4–6 Großschreibung von Nomen und Satzanfängen: S. 8 Alphabet: S. 9 Wörter nach dem Alphabet ordnen: S. 10
Verben: S. 12 Grundform/Personalform: S. 13 Wortstamm/Endung: S. 14	Kleinschreibung von Verben: S. 12 Verben mit b, d, g verlängern: S. 15 Selbstlaute/Mitlaute/Umlaute/Zwielaute in der Silbe: S. 16
Einzahl und Mehrzahl: S. 20 Aufforderungssätze: S. 25 Ausrufe: S. 25 Sprachspiele: S. 26	Umlautung in der Mehrzahl: S. 21 Nomen mit b, d, g verlängern: S. 22/23 Merkwörter mit V/v, ver-/vor-: S. 24 Satzschlusszeichen: S. 25
Wortfamilie: S. 28/29	Merkwörter mit aa, ee, oo: S. 30 Merkwörter mit Dehnungs-h: S. 31 Wörter mit ie: S. 32 Wörter mit ng/nk: S. 33
Zusammengesetzte Nomen: S. 38/39 Nomen mit -chen und -lein: S. 40 Wortfamilie: S. 41 Fragesätze: S. 42 Adjektive: S. 43	Wortfamilie/Wortstamm als Rechtschreibhilfe: S. 41 Fragezeichen: S. 42 Adjektive mit b, d, g verlängern: S. 44
	Wörter mit ä/e, äu/eu ableiten: S. 48 Endung -en, -el, -er: S. 49 Reimwörter: S. 49 Wörter mit Sp/sp: S. 50 Wörter mit St/st: S. 51
Wortfelder: S. 61, 64	Kurz und lang gesprochene Selbstlaute: S. 56/57 Reimwörter: S. 57/58, 60 Doppelter Mitlaut: S. 58 Silbentrennung bei doppeltem Mitlaut: S. 59 Wörter mit tz: S. 60
Vorsilben: S. 66 Wortfamilie: S. 68	Bb/Pp, Dd/Tt, Gg/Kk am Wortanfang: S. 67 Wörter mit Qu/qu: S. 68

Schöne Ferien!